마법천자문 컬러링북

1 · 캐릭터

<마법천자문 컬러링북>의 특징

1. 마법천자문을 즐기는 특별한 방법을 제공해요!
2. 암기할 필요 없이, 색을 칠하면 저절로 한자 공부가 돼요!
3. 한자의 뜻, 마법천자문 속 명장면과 명대사를 통해 바른 가치와 인성을 키울 수 있어요!
4. 다채롭게 색칠하며 예술 감각과 색채 감각을 키울 수 있어요!
5. 유쾌하고 통쾌한 마법천자문의 그림들을 색칠하며 스트레스를 풀 수 있어요!

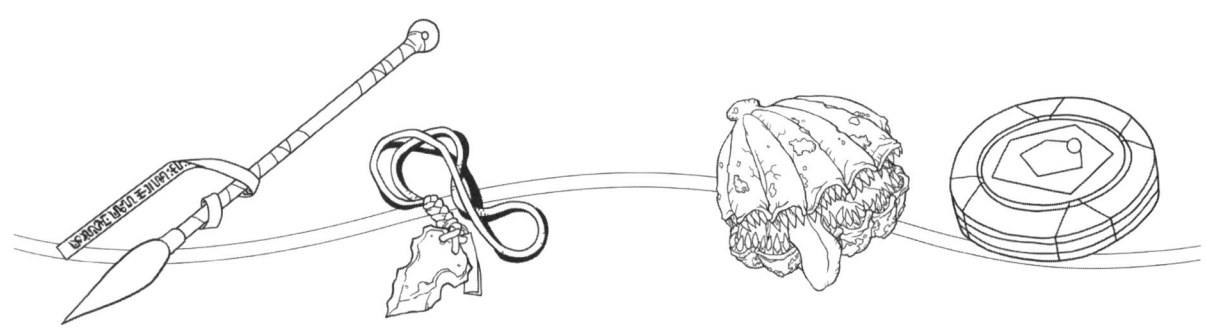

『마법천자문 컬러링북 1』 이렇게 활용하세요!

『마법천자문 컬러링북 1』은 캐릭터를 중심으로 마법천자문의 재미있는 그림을 모았습니다. 손오공, 삼장, 혼세, 옥동자, 여의필, 끼로로, 오곡도사 등 마법천자문 속 다양한 캐릭터를 한자리에서 만나 보세요!

1. 좋아하는 캐릭터를 찾아 먼저 색칠해 보세요.
2. 어떤 이야기 중에 나왔던 그림인지 곰곰이 되짚어 보세요.
3. 마법천자문과 비교해 보며 같은 색으로 칠해 보고, 다른 색으로도 칠해 보세요.
4. 각 장면에 쓰인 한자의 뜻을 생각하며 천천히 색칠해 보세요.
5. 무엇보다도 재미있고 자유롭게, 마음이 가는 대로 색칠해 보세요.

이 책에 나오는 한자

心 마음 심   鼻 코 비   眞 참 진
樂 즐거울 락   音 소리 음   美 아름다울 미
強 강할 강   觀 볼 관   魔 마귀 마
笑 웃을 소   光 빛 광   惡 악할 악
善 착할 선   變 변할 변   妬 샘낼 투
治 치유할 치   直 곧을 직   慾 욕심 욕
多 많을 다   正 바를 정   黑 검을 흑
志 뜻 지   師 스승 사   暗 어두울 암
好 좋을 호   到 이를 도
飛 날 비   達 통달할 달
行 행할 행   天 하늘 천

- 십이지

子	丑	寅	卯	辰	巳	午	未	申	酉	戌	亥
쥐 자	소 축	호랑이 인	토끼 묘	용 진	뱀 사	말 오	양 미	원숭이 신	닭 유	개 술	돼지 해

딱딱한 돌에서 태어났지만
따뜻한 마음을 간직한
화과산 원숭이, 손오공!

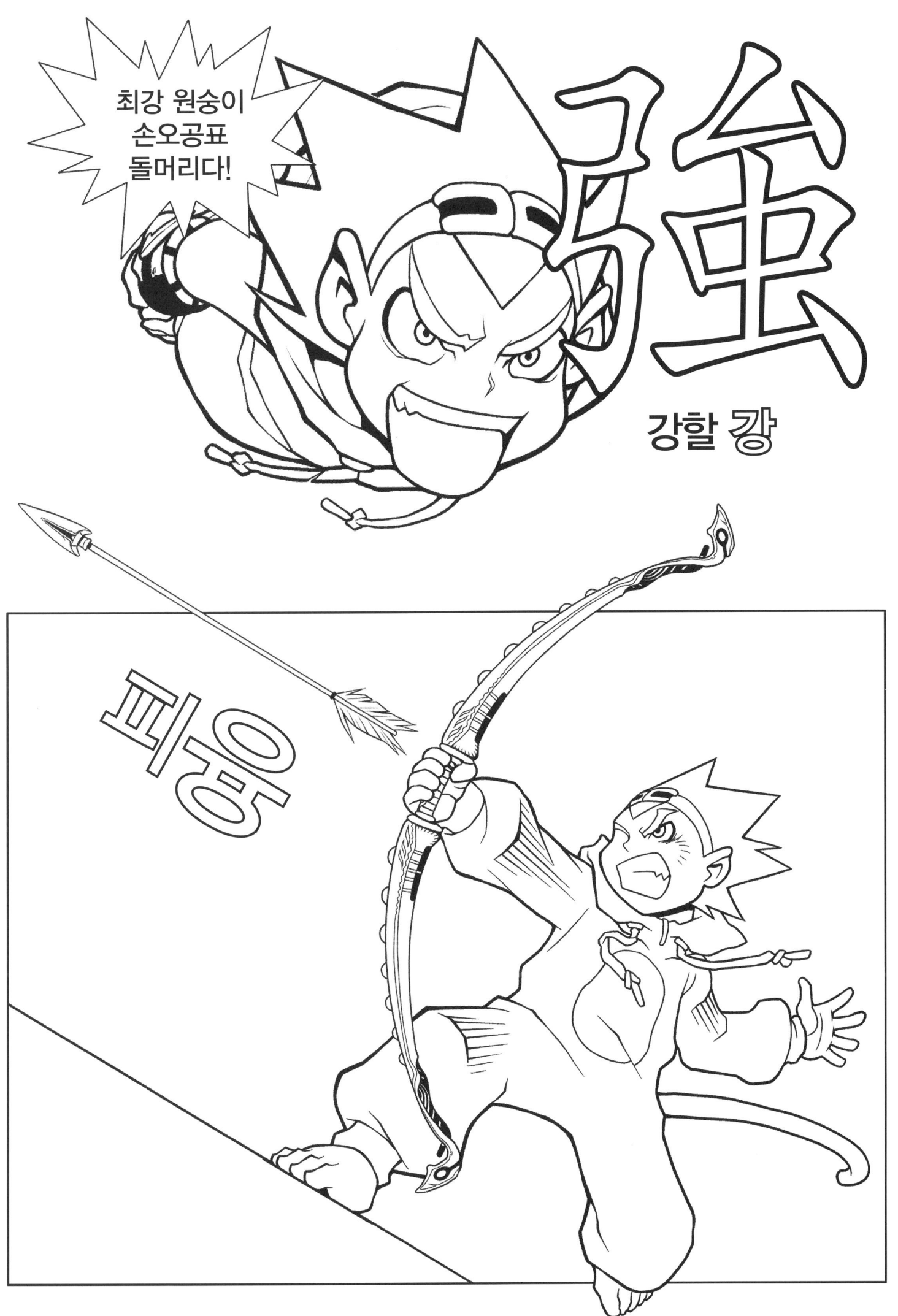

樂
즐거울 락

손오공은 매일매일 즐거워요.

너무너무 맛있다!

笑
웃을 소

손오공과 함께하면
웃을 일이 참 많아요.

어라?
다시 기운이 나네?

착할 선 善

마음씨 착한 삼장은
안타까운 상황에 놓인
친구들을 꼭 도와줘요.

치유할 치

"병을 이겨 내라! 병 고칠 치!"

사람들이 아파하지 않기를 바라는 선한 마음으로 삼장은 사람들의 저주를 풀어 주지요.

뜻 지 志

혼세마왕은 자신의 뜻을 지키는 강한 의지를 보여 줘요.

강한 의지 덕분에
혼세가 더욱 멋있게
보일 때도 많아요.

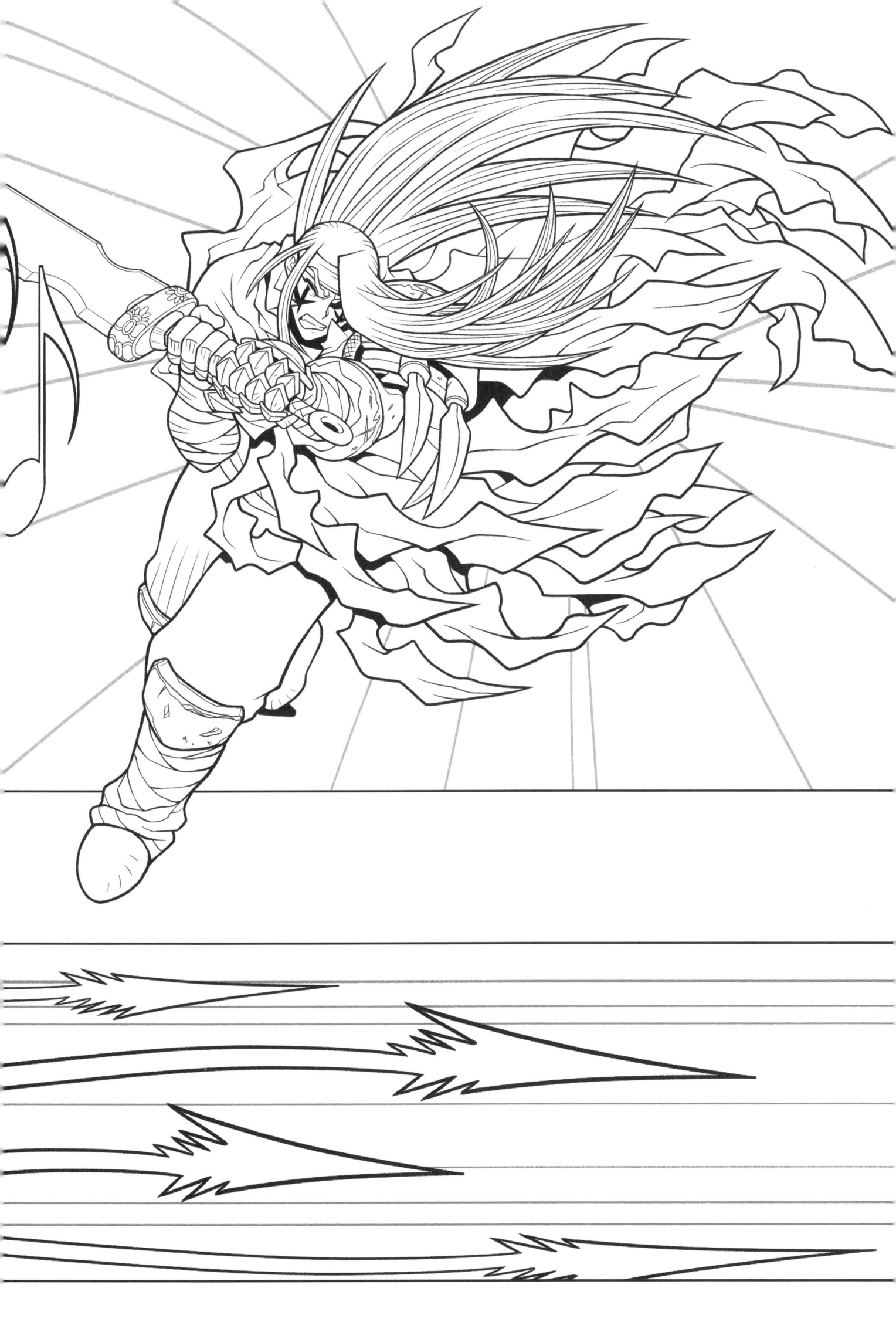

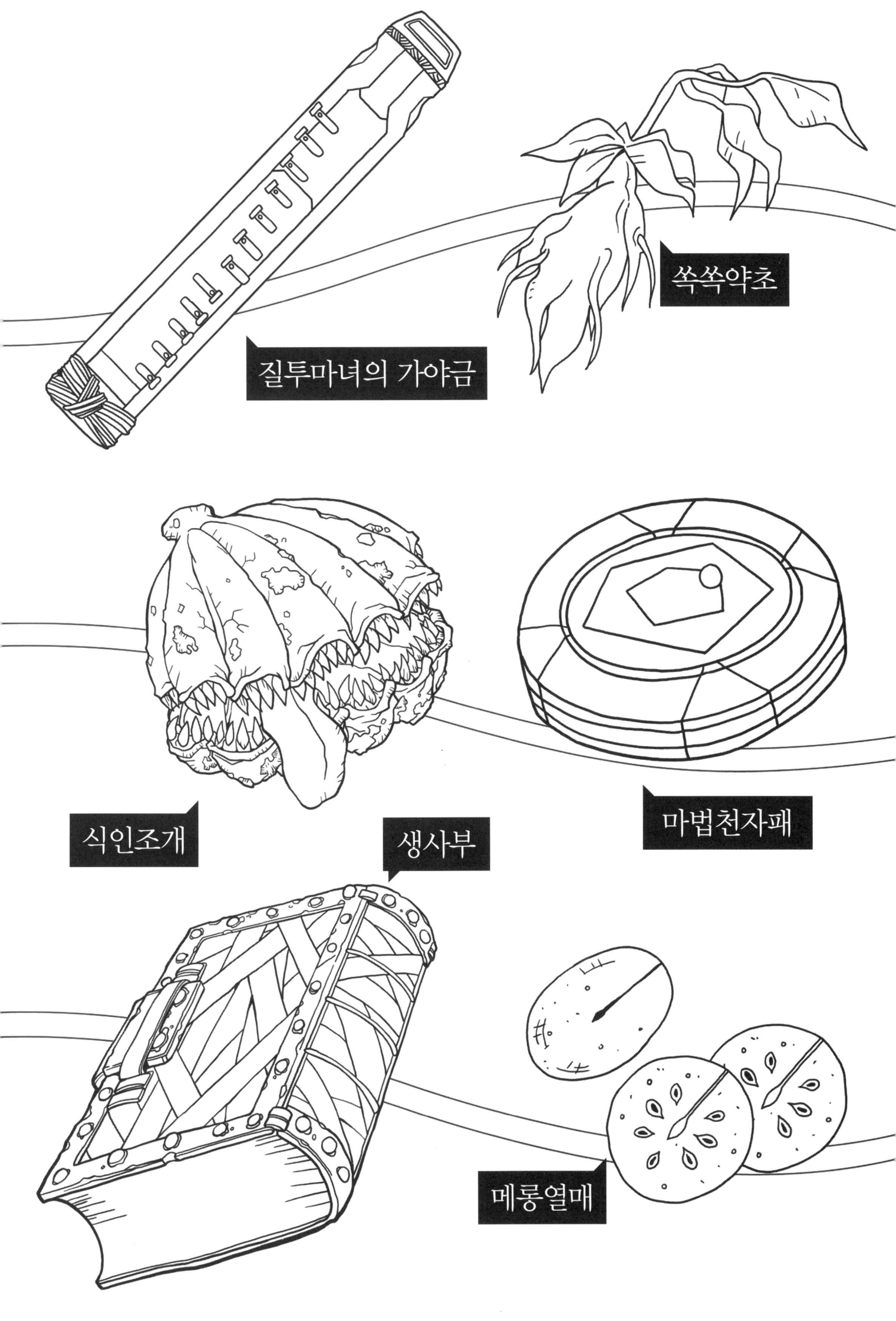

좋을 호 好

삼장과 끼로로는 서로에게
참 좋은 친구예요.
다른 친구들도 만나 볼까요?

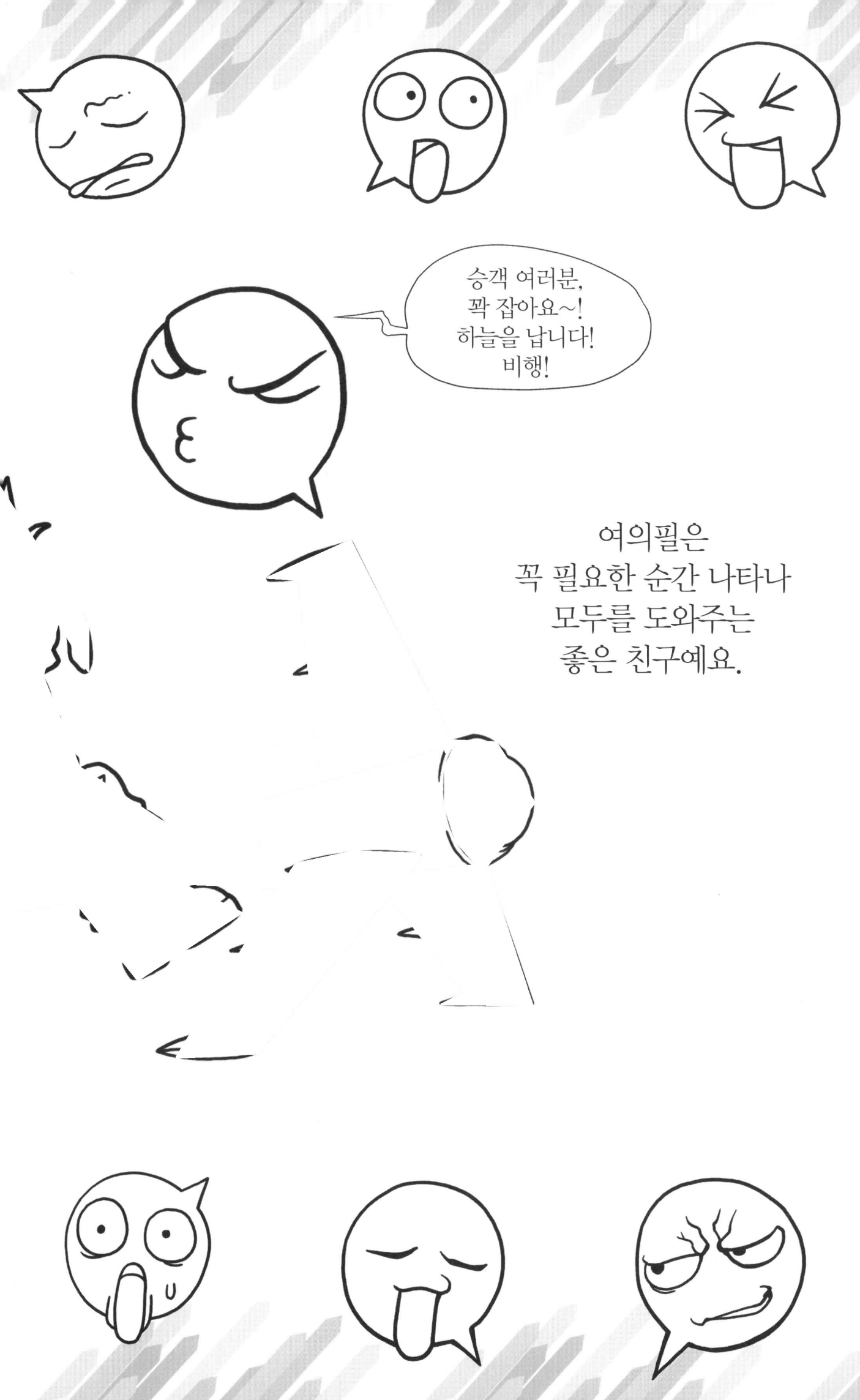

엉뚱한 말과 행동으로 큰 웃음을 주는 옥동자도
매력 있는 친구고요.

바를 정 正

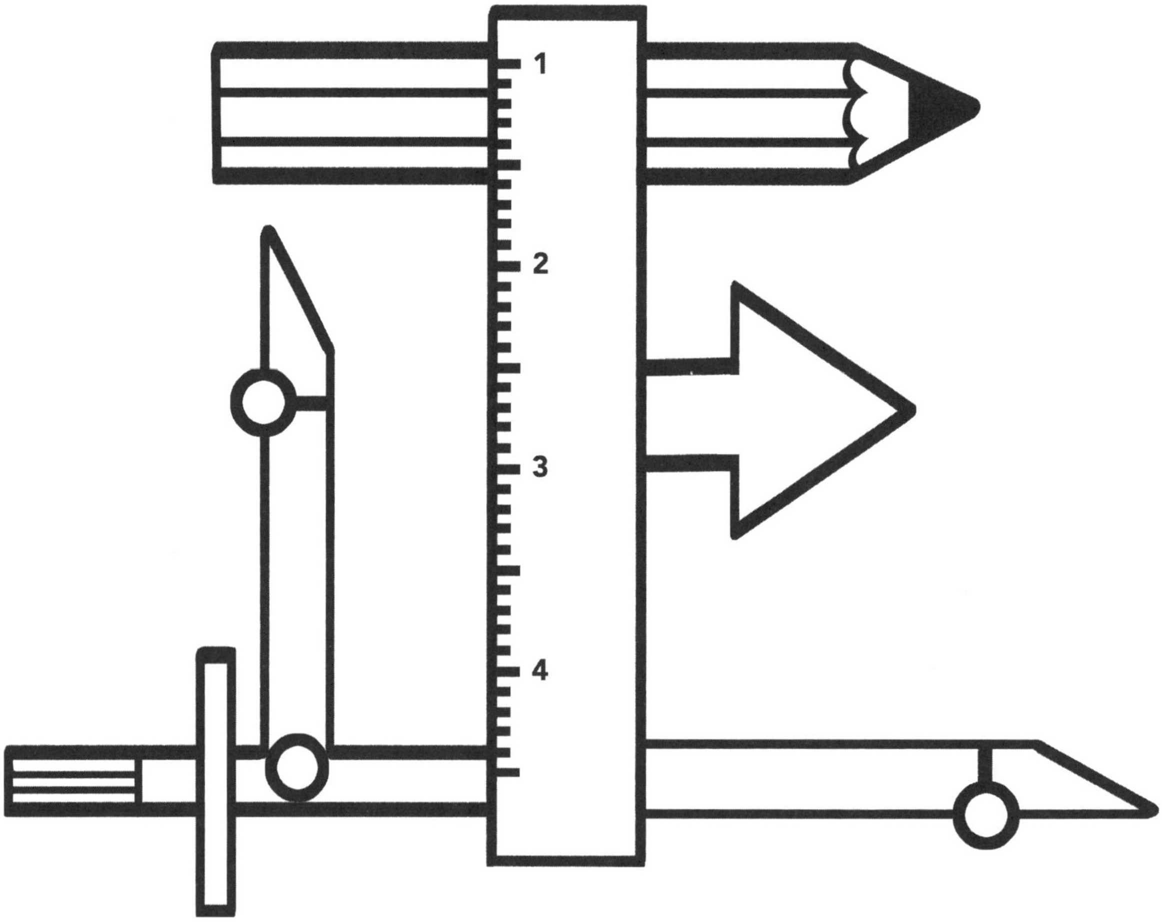

손오공과 친구들은 정의를 위해 싸우기로 했어요.

손오공과 친구들의 스승인 오곡도사도
정의를 위해 서로 손을 잡았어요.

師

스승 사

眞 참 젼 진현인도,

善 착할 션 선현인도,

美 아름다울 미

미현인도 모였지요.

마법천자문에서 십이신마의 활약도 빼놓을 수 없어요!

호킹 | 寅 호랑이 인

토생원 | 卯 토끼 묘

마초킹 | 午 말 오

울 100세 | 未 양 미

견공 | 戌 개 술

돈킹 | 亥 돼지 해

마귀 마 魔

악마의 꽃에는 마계의 무리들이
모여 있어요.

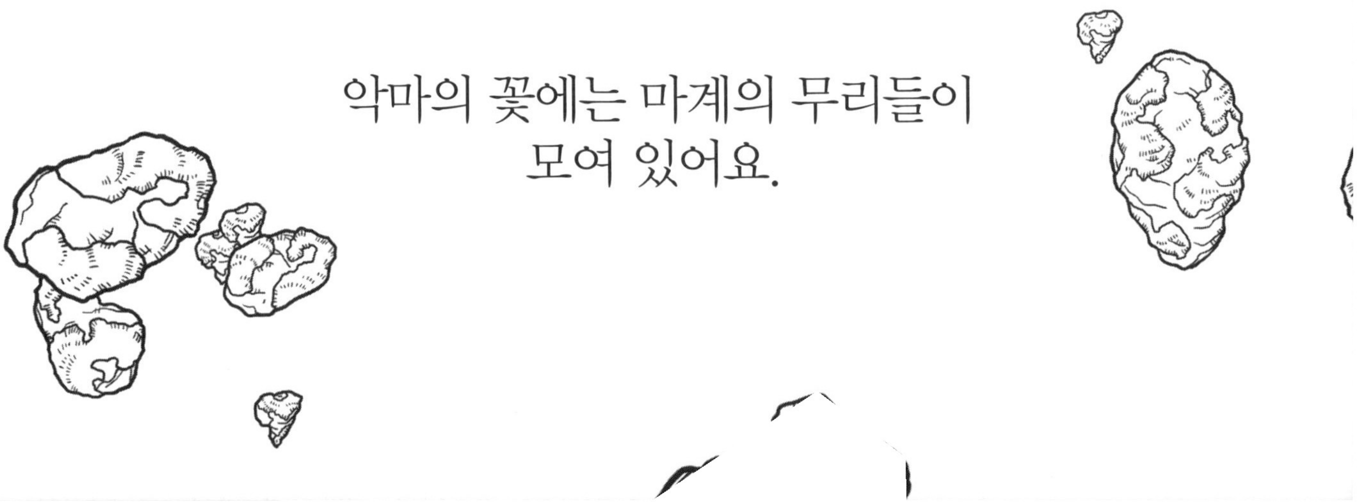

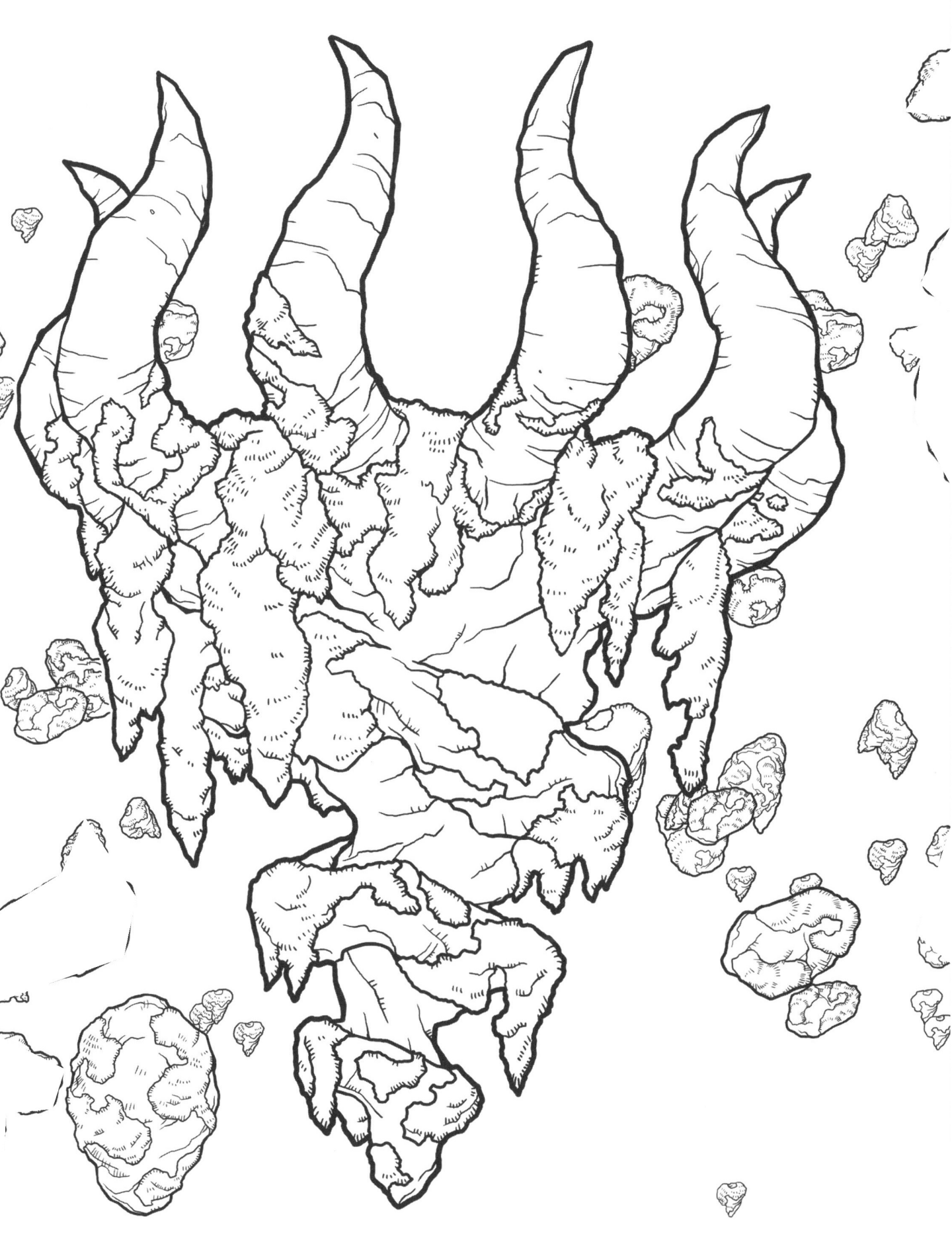

대마왕을 비롯한 악의 무리들이에요.
누가 누가 있는지 살펴볼까요?

悪

악할 악

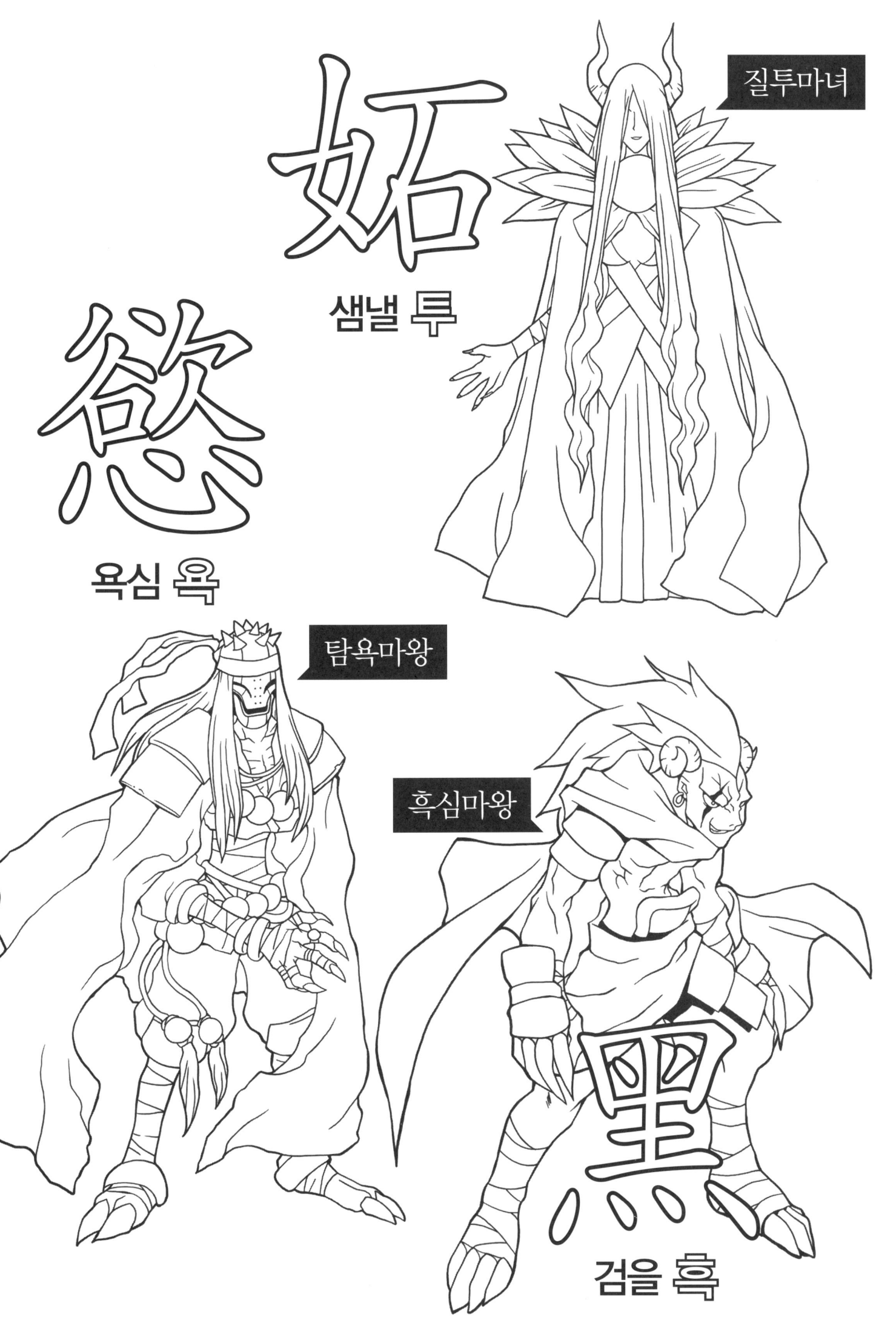

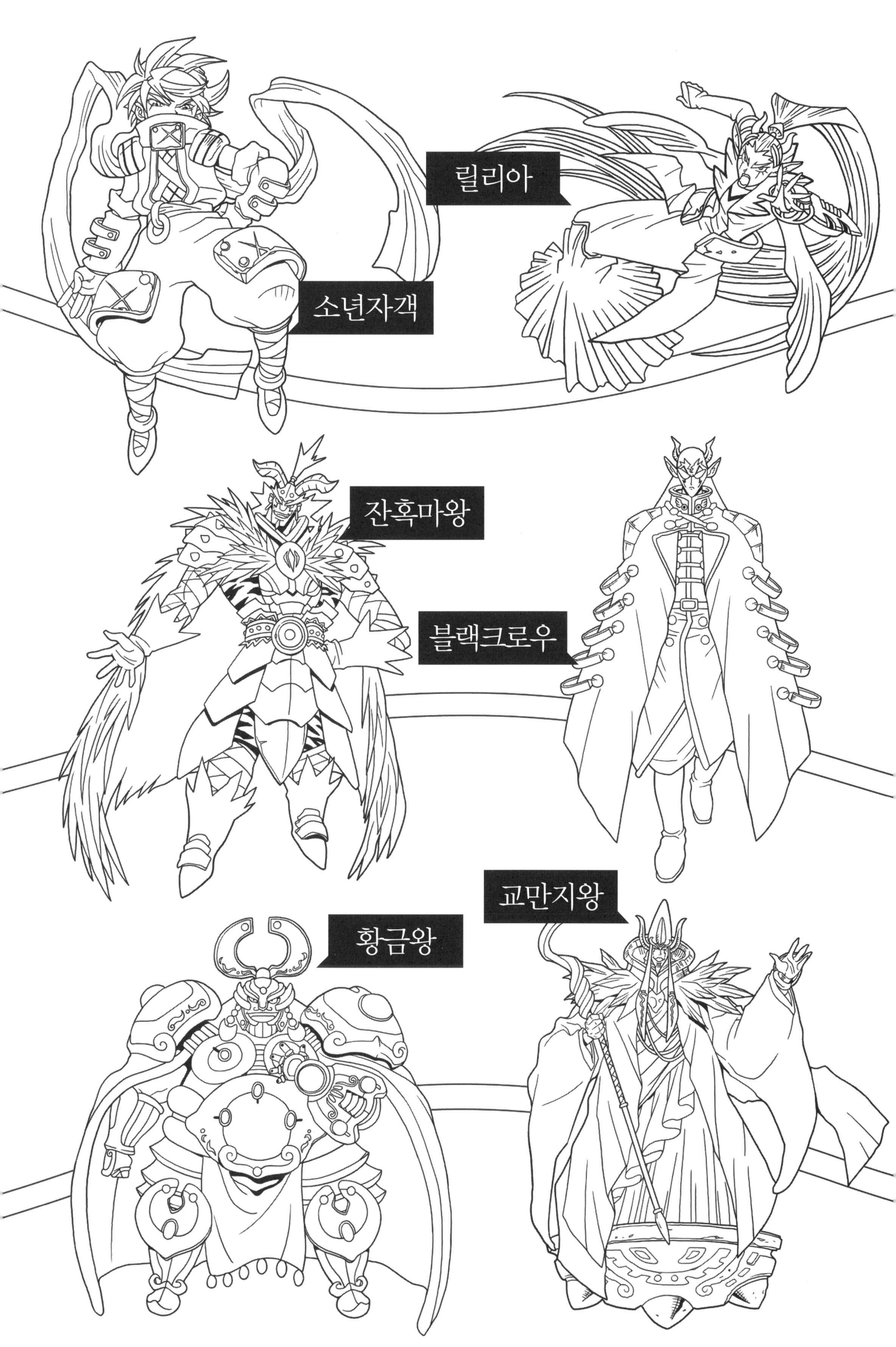

마법천자문 컬러링북 1

1판 1쇄 인쇄 | 2016년 6월 30일
1판 1쇄 발행 | 2016년 7월 14일

펴낸이 | 김영곤
기획개발팀장 | 은지영 **기획개발** | 노지연 강지하 김지은 홍희정 김송희 인우리
영업마케팅팀장 | 안형태 **영업마케팅** | 김창훈 오하나 김은지
북디자인 | 박선향

펴낸곳 | (주)북이십일 아울북
등록번호 | 제406-2003-061호
등록일자 | 2000년 5월 6일
주소 | 경기도 파주시 회동길 201(문발동) (우 10881)
전화 | 031-955-2138(기획개발), 031-955-2100(마케팅·영업·독자문의)
브랜드 사업 문의 | 031-955-2160 license21@book21.co.kr
팩시밀리 | 031-955-2421
홈페이지 | magichanja.com

ISBN 978-89-509-6576-1 74720
ISBN 978-89-509-6579-2 74720(세트)

Copyright©2016 by Book21 아울북. All rights reserved.
이 책을 무단 복사·복제·전재하는 것은 저작권법에 저촉됩니다.

* 잘못 만들어진 책은 **구입하신 서점**에서 교환해 드립니다.
* 가격은 책 뒤표지에 있습니다.

· 제조자명 : (주)북이십일
· 주소 및 전화번호 : 경기도 파주시 문발동 회동길 201(문발동) / 031-955-2100
· 제조연월 : 2016.7.14
· 제조국명 : 대한민국
· 사용연령 : 3세 이상 어린이 제품